AF585857

Une âme hindoue

Conférence faite à la Société d'Agriculture Sciences et Arts d'Angers

Le lundi 13 février 1911

Une âme hindoue : M. WINAYECK GANPAT RAO, mon élève.

Je recevais volontiers chez moi, comme pensionnaires, des jeunes gens étrangers, désireux de se perfectionner dans la langue française. C'est ainsi que pendant les vacances dernières, au mois d'aût (1910), j'eus à m'occuper d'un Hindou, âgé de 24 ans, M. *Winayeck Ganpat Rao,* élève du Saint-John's College, à Cambridge, ayant droit, en cette qualité, au titre d'Esquire.

Il m'était adressé par un de mes anciens élèves, agrégé d'anglais, professeur de langue française à ladite Université, M. *Audra*, fils d'un pasteur dont le nom était bien connu à Angers.

M. Rao, né à Bompay, est le fils d'un avocat général à la cour de cette ville, promu, depuis, aux fonctions de juge.

Il prépare les I. C. S., c'est-à-dire les examens de l'India Civil Services, Services civils indiens, dont le programme est des plus sévères et des plus étendus. On exige, entre autres choses, une connaissance approfondie de la langue française, non seulement la moderne, mais l'ancienne, celle du moyen âge. Un texte par exemple du XIe, du XIIe siècle étant donné, il faut le traduire en français actuel, et, de plus, indiquer de quel siècle il est, et donner les raisons linguistiques de son dire.

M. Rao connaît déjà, cela va de soi, un des principaux dialectes des 250, environ, qui se parlent dans la presqu'île, comprend le sanscrit, parle l'anglais comme sa langue maternelle et est très avancé dans la nôtre.

Mais ce n'est pas pour vous donner ces renseignements banals, indispensables toutefois, que j'ai entrepris cette étude. Si j'ai pu rendre à M. Rao quelques services et répondre à sa confiance, il m'a, lui, profondément intéressé par l'étude de son âme, ce que nous appellerons sa mentalité.

Je remarquais surtout chez lui l'intensité des sentiments religieux, portée à un point bien rare, me semble-t-il, chez nous autres chrétiens, à part quelques vocations exceptionnelles.

Ce jeune homme était littéralement « imprégné » de ses divinités. A chaque instant, dans les conversations les plus ordinaires, dans nos explications d'auteurs français, à table, en promenade, revenaient à chaque instant ces expressions : « Oui, le dieu a dit cela ; cela est conforme à la volonté, aux préceptes du dieu, ou : Non, le dieu n'approuverait pas une telle action, une telle pensée ».

Et ne voyez là aucune pose, aucune ostentation ; non, cela sortait naturellement de ses lèvres et de son cœur. Quant au respect humain, qui nous empêche trop souvent, nous, d'oser affirmer nos opinions et nos croyances, il ne connaissait même pas ce mot.

Et je me disais qu'en vérité par la pureté de ses croyances, par cette foi inaltérable dans ses divinités, par tant d'autres qualités de premier ordre, il méritait d'être initié à une religion supérieure à la sienne, quelque respectable que celle-ci pût être. Mais là n'était pas ma tâche ; de plus, en toute humilité, je sentais bien que me faisaient défaut le zèle ardent et les célestes lumières de l'apôtre de son pays, saint François-Xavier.

Il portait toujours, suspendu à son cou, un galon béni par un de ses prêtres — c'est notre scapulaire — et il le touchait respectueusement dans certaines occasions.

Un grand nombre de ses compatriotes ont, paraît-il, l'habitude de se raser en partie le sommet de la tête. J'ai voulu savoir si cette tonsure avait quelque rapport avec la « couronne » de nos ecclésiastiques. Il n'en est rien. Elle est destinée à favoriser la transpiration et à créer, dans ces pays torrides, un peu de fraîcheur par l'évaporation, m'a dit M. Rao.

Il avait aussi de nombreuses petites brochures religieuses, illustrées, contenant des prières à dire dans bien des circonstances de la vie.

Une, entre autres, me frappa tellement par le sentiment du texte (sanscrit), que je le priai de me traduire, et par l'air et le rythme, qui rappellent à un tel point nos psalmodies liturgiques, que j'ai cru devoir la rapporter ici, en me rapprochant le plus possible et du sens des paroles et du rythme mélodique.

Et d'abord, voici l'air, qui se dit deux fois :

PRIÈRE A RAMA

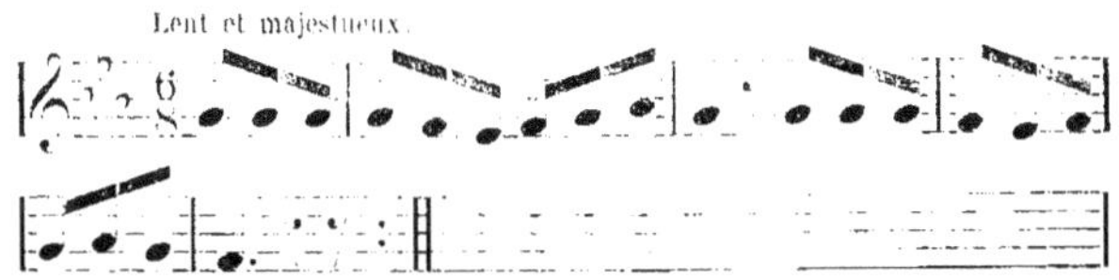

1

O dieu, je suis ton enfant suppliant,
Verse sur moi ton regard bienveillant :
Du sort des miens je suis trop tourmenté,
— *Rama, toi seul peux montrer la Bonté !*

2

Comme la mer, mon esprit est changeant,
Flottant au gré des pensers affligeants ;
D'instincts pervers fais que je sois vainqueur :
— Rama, toi seul pourrais fixer mon cœur !

3

Je songe trop à l'avenir des miens,
A leur laisser de périssables biens.
Mais ici-bas, peut-on vivre sans toi ?
— Rama, je veux n'écouter que ta loi !

4

Mon âme est triste et je suis malheureux
Du bien, pourtant, je serais désireux.
Mon intérêt, je le poursuis en vain...
— Rama, pitié, montre-moi mon chemin !

5

J'ai consacré mes jours aux vanités,
Et mon âme est lourde d'iniquités :
Je t'oubliais au sein des vains plaisirs.
— Rama, vers toi, dirige mes désirs !

6

Pour les festins et les danses, joyeux,
Pour t'honorer, je suis triste, ô mon dieu !
Mes vrais besoins, je ne les comprends pas.
— Rama, sois donc le guide de mes pas !

7

Moi, qui devrais réfléchir à mon sort,
A ma naissance, à ma future mort,
Je pense à ma famille seulement.
— Rama, pardon pour mon aveuglement !

8

Je suis souillé d'innombrables forfaits
Dont je ressens justement les effets ;
Je suis plongé dans des flots de douleurs :
— Rama, dieu bon, viens essuyer mes pleurs !

9

Tes traits bénis devraient remplir mon cœur.
Hélas ! ils sont pour ton fils sans douceur.
A ton amour le mien veut s'allumer,
— *Rama, dis-moi comment je puis t'aimer !*

10

La paix, le calme et la tranquillité,
Fuient mon esprit, de troubles agité :
Il est voilé de nuages épais...
— *Rama, rends-moi dans ta bonté, la paix !*

11

Penser à moi, voilà mon seul souci,
Quand je devrais crier grâce et merci :
De l'égoïsme, à la fin triomphant,
— *Rama clément, délivre ton enfant !*

12

Mais je m'engage, à partir de ce jour,
A te prouver mon filial amour.
Je ne suis rien sans toi, rien que néant.
— *Rama, pardonne à ton fils repentant !*

Et ces douze strophes de quatre vers, rimant, dans l'original, deux par deux, chantées, ou plutôt psalmodiées doucement, avec un accent légèrement hindou, étaient délicieuses à entendre.

Vous aurez remarqué ces assonances, que nous retrouvons souvent dans les versets de nos psaumes :

« *Domine, ne in furore tuo arguas me*, neque in ira tua corripias me.* »

« *Delictum meum cognitum tibi feci*, et injustitiam meam non abscondi.* »

Je n'ai jamais prié M. Rao de m'exposer les principes de sa religion ; cependant j'ai compris que le roi des dieux hindous était Indra. Venait ensuite une trinité : Brahma, Vishnu, Mahesh, mais non en une seule personne. On trouverait, d'ailleurs, plus de détails dans des livres spéciaux.

Après le sentiment religieux, celui qui dominait chez mon élève était le sentiment de la famille.

Très souvent il nous parlait des siens, toujours avec un accent ému. Il avait perdu sa mère, très jeune encore ; à son père, il avait voué un véritable culte, tout triste d'en être séparé depuis deux ans, et pour deux longues années encore.

Et quel père pour un tel fils!

Écoutez les recommandations que lui fit son père le jour où il devait s'embarquer pour Marseille et, de là, se rendre à Cambridge :

« Winou (c'est le nom familier de Winayeck), Winou, vous allez dans un pays où vous jouirez d'une liberté complète, et j'ai veillé à ce que vous ne manquiez jamais d'argent pendant votre séjour en Angleterre.

« N'abusez ni de votre liberté pour vous abandonner à l'oisiveté et à la paresse, ni de votre argent pour vous livrer à la dissipation et à la débauche.

« Travaillez avec ardeur ; préparez les examens qui vous assureront dans votre pays une situation honorable, et moi, votre père, je vous bénirai. »

J'ai promis à mon père, me disait M. Rao, de suivre ses conseils et d'obéir à ses recommandations : j'ai tenu, et je tiendrai toujours la parole que je lui ai donnée. Mon père représente le dieu sur la terre.

Je n'ose pas supposer ici ce que, dans les mêmes conditions, un étudiant français aurait pensé de l'allocution paternelle, irrespectueusement qualifiée, *in petto*, sinon de rengaîne, tout au moins de « laïus » inopportun.

M. Rao veut être magistrat, comme son père, et il ne négligera rien pour arriver à passer ses examens avec succès.

Car c'est aussi un laborieux. Outre une heure ou deux de répétitions particulières, que je lui donnais chaque matin, employées à la correction d'un devoir de littérature, ou d'une narration, faits la veille, à l'explication très minutieuse de nos auteurs classiques ou de nos écrivains modernes et contemporains (et rien n'est plus difficile à comprendre pour un étranger qu'une page d'Émile Augier, dans, par exemple : *Le Gendre de Monsieur Poirier*, ni, parfois, plus ardu à expliquer, je ne dis pas par un Français quelconque, mais même par un professionnel), au long de la journée il prenait des notes, au cours des conversations que tous, à la maison, nous nous plaisions à avoir avec lui, et il en a rempli un volumineux carnet. Je ne parle pas même des quatre ou cinq devoirs écrits qu'il faisait par semaine, ni des lectures qui prenaient le reste de son temps.

Tenue excellente, manières parfaites de gentleman, cela va sans dire ; d'une humeur toujours égale, très gai, au fond, mais toujours sérieux et grave d'apparence ; souriant quelquefois, riant rarement, jamais aux éclats, comme un condisciple dont je parlerai tout à l'heure incidemment.

J'ai mentionné les conversations que nous avions souvent ensemble, surtout aux repas ; elles faisaient partie de mon enseignement, bien entendu, et, au besoin, je relevais des erreurs de langage, par une observation dont il profitait aussitôt.

Il avait une très grande mémoire, se rappelait quantité de passages, de récits d'auteurs de son pays, dont la littérature est si riche. Lorsque je le mettais sur ce sujet, il était inépuisable.

Un soir, entre autres, après le dîner, il me raconta sur un de ses poètes, Yeknanath, une anecdote que, je pense, vous aurez plaisir à entendre :

YEKNANATH

ou sublime patience d'un poète hindou

Vivait jadis dans la province du Deckan (Inde anglaise) un illustre poète dont les vers excitaient l'admiration de ses contemporains.

Yeknanath était son nom (seul-serviteur-de-Dieu).

Il était en même temps le parfait modèle de toutes les vertus ; sa patience, entre autres qualités, était vraiment merveilleuse.

Ce poète renommé, cet homme vertueux avait, évidemment, des ennemis. La nuit doit haïr la lumière, et le hideux reptile se plaît à souiller de sa bave immonde la fleur parfumée.

Or, trois de ces hommes envieux, dont les perfections de Yeknanath torturaient le cœur et troublaient le sommeil, s'entendirent un jour pour mettre à l'épreuve cette patience dont parlait toute la contrée.

— Nous saurons bien, dirent-ils, le forcer à sortir de ce calme et de cette possession de lui-même si vantés. Ce n'est, après tout, qu'un homme comme nous. Oui, par nous la colère trouvera le chemin du cœur de Yeknanath.

Quant à lutter avec lui sur le terrain de la poésie, cela eût sans doute été plus honorable, mais ils n'y songèrent même pas, certains d'avance d'une humiliante défaite.

Ils savaient que Yeknanath allait tous les matins se baigner dans une petite anse que forme la mer près de la ville qu'il habitait, à l'endroit où s'y déverse un petit ruisseau aux rives ombragées de roseaux.

Ils se dissimulèrent dans le feuillage et attendirent.

Yeknanath arrive, quitte ses vêtements et se prépare à entrer dans l'eau.

Alors paraissent ses trois ennemis qui font jaillir sur son corps nu des jets de salive mêlée d'un jus noir de tabac mâché.

Yeknanath, sans manifester la moindre émotion, entre dans la mer, se purifie de ses souillures, puis il sort, et, suivant les rites, fait pieusement ses prières aux dieux.

Cependant ses ennemis s'acharnant contre lui, redoublent leur injure, ne se contentant pas d'une première épreuve.

Yeknanath, impassible, rentre dans la mer, se baigne, et de nouveau purifié, revient sur la grève et reprend ses prières.

Cinq fois ces personnages odieux recommencèrent leur insolent outrage.

Cinq fois Yeknanath, sans proférer une plainte, sans même que sa physionomie témoignât le moindre ressentiment, se purifia et pria.

Alors ses ennemis, vaincus par tant de magnanimité, se jetèrent à ses genoux, et, les mains tendues vers lui, le front prosterné dans la poussière, implorèrent leur grâce et son pardon.

Et le poète, leur souriant avec bonté, s'empressa de les relever en les appelant ses frères.

Ainsi Yeknanath inspiré par le dieu de la bonté, Indra, triompha des tentations que le Génie du mal, Bootha, avait soufflées au cœur de ses trois ennemis.

Ne croyez-vous pas entendre un récit de la *Légende Dorée*, ou un épisode de la vie d'un de nos saints, de l'un de ces cénobites aux vertus surhumaines, qui excitent à juste titre notre admiration en même temps qu'ils font honte à notre mollesse et humilient notre amour immodéré des choses de la terre ?

M. Rao croit que le sort de tout homme est réglé, fixé, dès sa naissance, et que tout ce qui doit lui arriver lui arrive forcément. Et cela n'est pas pour nous surprendre.

Mais il croit aussi fermement à l'influence de l'étoile sous laquelle il est né.

Comme il me demandait ce que je pensais de cette croyance, je me crus obligé de lui répondre, très courtoisement, que je ne pouvais pas la partager, tout en la respectant chez lui.

— Et pourquoi donc, Monsieur ?... Moi, je suis né sous une heureuse étoile, et la preuve, c'est qu'elle m'a conduit dans votre maison.

Cela n'est-il pas d'une délicatesse exquise ?

Et il faudrait reproduire le ton, l'accent avec lequel cela fut dit.

Sur des lèvres européennes, ce compliment pourrait passer pour une flatterie un peu grosse ; dans la bouche de ce jeune homme hindou, ce n'était que l'expression naturelle d'un sentiment vrai.

Aussi tous les miens furent-ils charmés.

L'influence des astres qui ont présidé à leur naissance joue un grand rôle dans la vie des Hindous.

Quand un enfant, fille ou garçon, vient au monde, le prêtre attaché à la famille, entre autres cérémonies rituelles, vérifie la position des astres qui brillent à la même heure, dans une certaine zone du ciel, et l'inscrit sur un registre.

Et, plus tard, lorsqu'un père veut marier son fils, il envoie au père de la jeune fille choisie par lui un extrait de cette cérémonie — notre acte de naissance —. Ce dernier compare les étoiles du jeune homme avec celle de sa fille ; si elles ne sont pas en désaccord, en opposition, l'union peut s'accomplir ; dans le cas contraire, le mariage est impossible.

Mais ici intervient un autre personnage, M. Clifford Hugh R..., également élève de Cambridge et pensionnaire chez moi.

M. R... m'a complètement fait changer d'avis sur le caractère anglais. Je me figurais nos voisins et amis d'Outre-Manche comme étant naturellement un peu raides et compassés, d'une tenue excellente, il est vrai, mais guindés et tenant volontiers les gens à distance.

Peut-être sont-ils ainsi pour ceux qu'ils ne connaissent pas ; mais, la présentation faite et dans l'intimité, ils sont tout autres et assurément les plus charmants garçons du monde.

M. R... est d'une gaieté exubérante et communicative quand il s'y met, et heureusement il s'y met souvent. Il raconte à ravir des anecdotes à mourir de rire, et, s'il imite le langage et l'accent supra-aigu des vieilles dames écossaises ou la déclamation des acteurs anglais, où il excelle, etc., etc., cela devient désopilant.

Je m'empresse d'ajouter que c'est en même temps un travailleur, un laborieux, un piocheur prolongeant ses veilles studieuses bien avant dans la nuit — mon compteur d'électricité pourrait au besoin en témoigner. Il parle d'ailleurs et écrit le français comme un indigène des bords de la Loire.

Mais je lui laisse la parole :

— « C'était un jour d'examen. Un candidat se présentait pour obtenir le titre de pasteur. Il n'était pas très « calé » ; de plus il était visiblement impressionné par l'aspect imposant des trois juges qui l'interrogeaient. Ceux-ci, cependant, se montraient des plus bienveillants et lui posaient des questions faciles, enfantines, auxquelles il ne pouvait répondre un mot.

— « Voyons, Monsieur, vous avez certainement lu la Bible ?

— ...

— Vous pourriez nous en citer un passage ?

— ...

— Une seule phrase... ; prouvez-nous que vous n'êtes pas muet !

(Le candidat fait un effort énorme, et regardant avec ahurissement ses trois juges, lança ces paroles mémorables :

— « Et il vit que trois grosses bêtes l'entouraient...

Que ce membre de phrase fût tiré de l'Apocalypse ou du Livre de Daniel, l'effet en fut déplorable, et le malheureux candidat fut blackboulé à l'unanimité.

Raconté comme je viens de le faire, cela n'apparaît pas très intéressant ni très comique. Mais il fallait voir la mimique de M. R..., imitant successivement les trois juges et traduisant la physionomie ahurie du malheureux candidat. Le tout avec un superbe flegme de pince-sans-rire qui justement appelle d'autant mieux le rire et en provoque les fusées.

Je vous dis que cela eût déridé un mort.

Revenons à la croyance de M. Rao sur l'influence des étoiles.

Pendant qu'il nous exposait ses théories, M. R..., lui, s'occupait à attraper des mouches au vol. (Nota : Sa grande taille lui permettait, en se hissant un peu sur la pointe des pieds, de saisir même celles du plafond).

Or, sa chasse ayant été fructueuse, il prit la dernière de ses victimes par les ailes et la montrant à M. Rao :

— Que pensez-vous, lui dit-il, de « l'étoile » de cette mouche ?

Comme M. Rao, un peu interloqué et presque froissé de cette interpellation quasi sacrilège, me regardait, semblant m'appeler à la rescousse, je me chargeai de la réponse :

— « L'étoile » d'une mouche, mon cher M. R..., c'est surtout, hélas ! je suppose, « l'étoile » d'araignée.

Je ne vous donne pas ce détestable jeu de mots comme la dernière expression de l'esprit français, mais, quel qu'il pût valoir, l'effet en fut foudroyant.

Car les deux jeunes gens, non seulement comprennent

les beautés de notre langue classique, celle de Bossuet et de Voltaire, mais encore saisissent toutes les... délicatesses du langage familier de Courteline et des auteurs chatnoiresques.

M. Clifford Hugh R... s'effondra de toute sa hauteur sur une chaise qui en gémit lamentablement et, pendant une minute, éclata d'un rire tel, que j'en tremblais pour les vitres de ma salle à manger. Elles résistèrent cependant à l'émission des ondes plus que sonores lancées par mon pensionnaire.

Quant à M. Winayek Ganpat Rao, il riait, lui, plus silencieusement, presque intérieurement, mais en découvrant une double rangée de dents dont la blancheur ferait jaunir de jalousie les neiges immaculées de l'Himalaya, les célèbres montagnes de son pays.

Ce qui me reste à vous dire est tellement extraordinaire, tellement opposé à nos usages et à nos mœurs, que, devant tout autre auditoire, j'hésiterais à le raconter, craignant de me faire taxer d'exagération ou tout au moins d'amener un sourire narquois sur les lèvres.

La veille et le matin de son départ, M. Rao, cela se voyait, était très ému ; il ne se lassait pas de nous redire, sans chercher à faire des phrases et à varier ses formules, sa reconnaissance des soins que nous avions eus de lui et de l'affection que nous lui avions témoignée. Et nous de lui répondre que cela nous avait été bien facile, et que nous nous en trouvions bien récompensés.

La voiture qui devait le conduire à la gare était arrivée; le cocher chargeait ses valises. Tout à coup M. Rao, tête nue, se tourne vers moi, me prend les deux mains et, s'inclinant, me les place sur sa tête, tenant alors les deux siennes tendues en avant :

— Vous avez agi envers moi comme un père, Monsieur, faites donc ce que ferait mon père, je vous prie.

Je vous l'avouerai, j'eus là une minute de forte émotion, et, sans trop me demander si j'étais digne de remplir le rôle que l'on attendait de moi, je me prêtai au désir de M. Rao. Intérieurement, avec une ferveur profonde, j'appelai sur cet adorateur des dieux étrangers et étranges, les bénédictions de notre Dieu qui, je pense, aura bien voulu m'entendre et m'exaucer et ne me tiendra pas rigueur de mon abus de pouvoir.

Je vous ai expliqué de mon mieux, encore que bien imparfaitement sans doute, la mentalité de M. Winayeck Ganpat Rao, de ce jeune homme hindou, dont je n'oublierai jamais le souvenir et le trop court passage à la maison. J'ai pensé qu'elle valait d'être rapportée.

Je profiterai des facilités que me donne l'outillage si moderne, si varié et si perfectionné de M. Grassin, pour insérer ici un chant national anglais très connu, très répandu, qui se fait entendre dans presque toutes les cérémonies, banquets, meetings, etc.

Je l'ai fait suivre du chant particulier des Élèves des Universités de Cambridge et d'Oxford.

For he's a jolly good fellow!

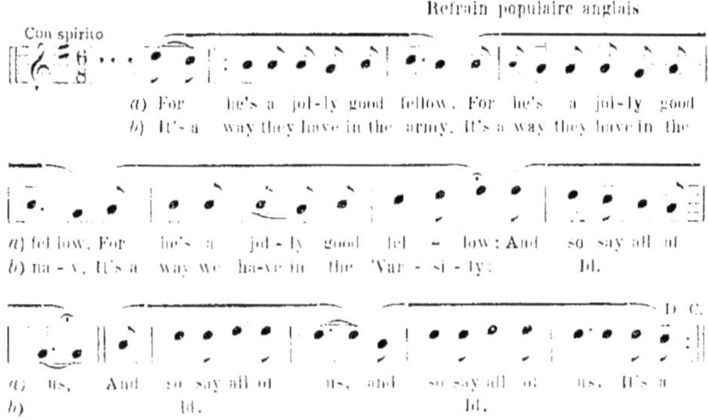

Ce qui peut se traduire ainsi :

> *a*) Car c'est un joyeux compagnon (*ter*).
> Et voilà comme nous disons tous (*ter*).
>
> *b*) C'est aisi que nous sommes dans l'armée,
> C'est ainsi que nous sommes dans la marine,
> C'est ainsi que nous sommes dans l'université.

Je terminerai par la description matérielle d'un manuscrit hindou que, grâce à la complaisance de son propriétaire, M. G...., je puis faire passer sous vos yeux.

Il est composé de 16 cahiers, de 30 feuilles chacun, en moyenne. Total : 493.

Ces feuilles sont des lamelles d'écorce de bambou, de $0^{m}55$ de longueur, $0^{m}045$ de largeur et de l'épaisseur d'une carte de visite.

Chacune est divisée en trois colonnes, paginées. Elles sont, la plupart, écrites des deux côtés, et chaque colonne contient cinq lignes, écrites de droite à gauche.

Caractères bengalis.

Ces feuilles sont dorées sur la tranche et les extrémités au premier et au troisième tiers ; le deuxième tiers est peint en rouge ($0^{m}20$, $0^{m}15$, $0^{m}20$).

Toutes ces feuilles sont percées de deux trous, où passent des cordons de soie rouge, qui les relient par cahiers d'abord ; puis les 16 cahiers sont réunis ensemble par un cordon passant par ces mêmes trous, et par les trous de :

Deux tranches de bois de $0^{m}54$ de long, $0^{m}05$ de hauteur, et $0^{m}03$ d'épaisseur, qui les maintiennent comme ferait un classeur. Ces planchettes sont en bois de senteur.

Le tout est enveloppé dans une pièce de soie de $1^{m}50$ de long, sur $0^{m}55$ de large. Sur un fond d'étoffe jaune est cousue par les bords cette pièce de soie, à bandes rayées rouge, jaune-clair, vert, agrémentées de dessins linéaires.

Nombre des feuilles de chaque cahier :

1 — 30	5 — 32	9 — 28	13 — 23
2 — 31	6 — 32	10 — 31	14 — 40
3 — 32	7 — 28	11 — 30	15 — 31
4 — 32	8 — 31	12 — 31	16 — 32

M. Rao, malheureusement, ne connait pas l'écriture « bengali » ; il n'a pu me donner aucun renseignement sur ce manuscrit.

A.-J. Verrier.

www.ingramcontent.com/pod-product-compliance
Lightning Source LLC
LaVergne TN
LVHW012016170826
845678LV00004BA/1515

* 9 7 8 2 3 2 9 6 3 6 6 2 7 *